DISCOURS

SUR

LA TRAITE DES NOIRS,

PAR

M. PÉTION DE VILLENEUVE,

Membre de l'Assemblée Nationale.

DISCOURS

SUR

LA TRAITE DES NOIRS,

PAR

M. PÉTION DE VILLENEUVE,

Membre de l'Assemblée Nationale.

A PARIS,

Chez

Desenne, Libraire, au Palais-Royal.

Bailly, à la barrière des Sergens.

Regnault, rue Saint-Jacques, vis-à-vis la rue du Plâtre.

Brunet, place du Théâtre Italien.

Avril, 1790.

AVIS.

Je ne me permettrai aucune réflexion sur le décret que l'assemblée nationale a rendu dans l'affaire des colonies, ni sur la manière dont elle l'a rendu. Voici le discours que je me proposois de prononcer, si la discussion eut été OUVERTE. Je me suis fait un devoir de n'y rien changer.

DISCOURS

SUR

LA TRAITE DES NOIRS,

PAR

M. PÉTION DE VILLENEUVE.

MESSIEURS,

LES divers objets qui sont soumis, dans ce moment, à votre délibération sont d'une haute importance et exigent les discussions les plus approfondies; je ne fixerai vos regards que sur un seul, la traite des noirs.

J'espere vous démontrer que cette traite est un acte de barbarie et d'inhumanité; qu'elle ne s'alimente que par des injustices de toute espèce; qu'elle est onéreuse à l'état, au commerce, aux planteurs même, que loin de favoriser la culture de nos isles à sucre, elle lui est nuisible : j'appuierai cette démonstration sur les faits les plus certains, sur les calculs les plus incontestables; ces faits, je les puiserai dans les voyageurs qui ont le mieux connu l'Afrique, dans les écrits d'hommes intéressés à la traite, et qui ont résidé

long-temps sur les lieux où elle se fait ; et enfin dans cette collection précieuse de dépositions faites, soit à la barre des communes de l'Angleterre, soit à son conseil privé, et je terminerai
par indiquer un parti que je crois sage et conforme aux circonstances, sans blesser les principes. Je vous prie de me prêter toute votre
attention et de m'écouter avec quelque indul-
gence.

C'est à la découverte de l'Amérique que re-
monte l'origine de la traite des noirs. Le farouche
et barbare espagnol, après avoir épuisé dans
ses mines, et fait périr dans les tourmens l'im-
mense population que renfermoit cette contrée
nouvelle, imagina d'appeller des mains étrangères
pour cultiver un sol qui lui offroit tant de jouissances.

La cupidité se masque souvent du voile de
l'humanité, pour parvenir plus sûrement à son
but. En volant des hommes à l'Afrique pour les
répandre dans les colonies, en demandant la
protection des puissances étrangères pour soutenir ce brigandage, les trafiquans exposèrent
que ces peuples étoient livrés à l'idolâtrie la plus
extravagante, à la misère la plus affreuse, et
que c'étoit leur rendre un double service que de
les arracher de ce pays ingrat, et de les soustraire
aux peines éternelles qui les attendoient. Tels

furent les prétextes artificieux avec lesquels on séduisit et la reine Elisabeth et Louis XIII, qui répugnoient à consacrer de leur autorité un commerce aussi infâme. La religion lui prêta d'abord son manteau, mais on le rejetta quand l'habitude y eut familiarisé les esprits. Les apôtres de la traite n'osent plus reproduire aujourd'hui cet hypocrite argument de la religion; ils sentent bien que ce moyen se concilieroit difficilement avec les idées de tolérance universellement répandues, et ils sayent qu'il n'est pas permis d'être cruel pour amener à la religion la plus sainte, des hommes que le ciel a fait naître dans une autre croyance.

Depuis que la philosophie a sonné l'alarme contre la traite, les partisans de ce trafic cruel ont employé des argumens de toute espèce pour le défendre : examinons-les.

Mais avant de passer à cet examen, nous devons rendre hommage au zèle infatigable des hommes vertueux et des sociétés qui ont dénoncé les inconvéniens et les cruautés de la traite. C'est à la philantropie qui anime la respectable secte des quakers dans l'Amérique du nord, que nous devons les premiers efforts pour abolir la traite. Un homme seul, inspiré sans doute par la divinité, entreprend de persuader, de convertir la cupidité, et il réussit. A la voix de Beñezet, tous ses amis, ses freres s'empressent de faire tomber les fers de leurs esclaves, et de demander aux diverses législatures la proscription de ce commerce ; cette proscription a été un des premiers actes qui ait signalé l'indépendance américaine. Le congrès a, dès l'aurore de la liberté, déclaré solemnellement que la traite des esclaves étoit incompatible avec une constitution libre. Il a exhorté les diverses législatures à la prohiber. Dix sur treize l'ont proscrite à jamais, et il existe dans les trois autres une prohibition temporaire qui ne peut manquer de devenir irrévocable.

On ne s'est pas borné en Amérique à prohiber la traite. On a préparé, par l'instruction, l'affranchissement gradué des esclaves ; on a décreté la liberté de leurs enfans parvenus à un certain âge. Ah ! Messieurs, peut-on voir sans attendrissement, sans reconnoissance les institutions établies pour instruire de leurs devoirs et de leurs droits ces malheureux africains qui, dans plusieurs de nos habitations coloniales, ne sont pas même traités avec ces soins physiques que l'on prodigue aux animaux domestiques.

Ces grands exemples d'humanité ne devoient pas se concentrer dans le nouvel hémisphère ; ils ont eu des imitateurs dans l'ancien, et le pays qui cultivoit le plus cette branche infâme de commerce, l'Angleterre a vu se former dans son sein une société nombreuse qui a demandé au parlement l'abolition de la traite. Je ne puis m'empêcher, en passant, de m'élever contre les mensonges répandus dans une foule de libelles pour diffamer, et cette société, et la nation, et le ministère, et le parlement britanniques; ces libellistes vous ont dit que les anglois n'agitoient cette question que pour vous duper, pour profiter de votre générosité, de votre humanité, si vous abolissiez la traite françoise. Peut-on croire qu'une société composée de quatre à cinq mille personnes de tous partis, wighs et tories, puritains, épiscopaux, quakers, méthodistes, s'entendent depuis trois ans à n'agiter une question que pour prendre leurs voisins dans un piège ? Peut-on croire qu'ils ont répandu l'inquiétude parmi les commerçans, leurs créanciers, les planteurs, et tout cela pour amuser les françois ? Peut-on croire qu'une foule d'écrivains respectables, qu'une majorité dans la chambre des communes, que le ministère lui-même se soient solemnellement prêté à cette comédie politique, et qu'ils continuent à la jouer depuis trois ans, uniquement pour nous tromper ? De pareilles rêveries ne mériteroient que la pitié, si elles n'avoient pas eu une coupable intention, celle de diffamer la société qui s'est formée en France ; société qui n'a été, qui n'est guidée que par les motifs les plus purs, les plus patriotiques, les plus sacrés. On a osé l'accuser d'être l'instrument des desseins secrets de l'Angleterre ; que dis-je, on a porté la calomnie au point de l'accuser d'être de concert avec cette puissance pour semer la révolte parmi les noirs de nos isles et nous les enlever ; et c'est ainsi qu'on travestit les actions les plus innocentes, les écrits les plus philoso-phiques en projets atroces !

Comment a-t-on osé se permettre ces infâmies contre une société composée des hommes les plus respectables par leurs ouvrages, et par les preu-ves qu'ils ont données de leur patriotisme dans la révolution actuelle : j'ai l'honneur de lui ap-partenir, et quoique je n'aie pas été à portée de suivre souvent ses travaux, je dois cependant rendre justice au patriotisme qui les anime, et je vois avec plaisir, dans le sein de cette as-semblée, plusieurs de ses membres qui s'em-presseront de lui rendre le même hommage. Ce que nous avons de lumières sur cet objet, j'ose dire que nous les lui devons ; c'est elle qui a fait passer dans notre langue, qui a répandu avec profusion les meilleurs écrits que cette question ait produits en Angleterre, et sur-tout le traité dans lequel vous trouverez les faits les mieux constatés, les calculs les plus satis-faisans, les raisonnemens les plus forts contre la traite des noirs ; je parle du traité sur les inconvéniens politiques de ce commerce, par le célèbre Clarkson, l'apôtre le plus infatigable de son abolition. Ah ! Messieurs, qu'il me soit permis de célébrer ici comme il l'a été dans le parlement d'Angleterre, le nom de cet ange de l'humanité, que je dois mettre à côté de celui du respectable M. Howard, qui, depuis quinze ans, a consacré ses travaux, ses veilles, sa fortune à l'examen des prisons, et au moyen d'améliorer le sort des hommes qui gémissent dans les cachots. Voilà les vrais héros que produit une constitution libre ; voilà ceux que la vôtre fera naître.

Je viens maintenant à l'examen de la traite. Le vaste pays où se recrutent les esclaves que nous employons à la culture de nos isles, est divisé en une foule de petits états qui sont gouvernés de différentes manières.

Si vous considérez ce pays physiquement, vous trouverez, qu'embrassant dans sa latitude et sa longitude un grand nombre de degrés, son sol est susceptible de toutes les productions. La nature, sans la main de l'art, y fait croître les plus riches, celles qui sont les plus nécessaires à nos jouissances ; que seroit-ce si, par les développemens de la civilisation, l'industrie pouvoit y perfectionner les produits bruts de la nature ? Ainsi, vous y trouverez les bois les plus propres à la construction des vaisseaux, le coton le plus fin, l'indigo, le café, la canne à sucre, le maïs, le millet, le riz, les gommes, etc. etc. etc.

La classe des quadrupèdes y est nombreuse, variée, et offre les animaux les plus étonnans par leur volume; les rivières y sont peuplées de poissons; l'air, des oiseaux les plus magnifiques en couleurs; en un mot, la nature y a déployé des richesses dans tous les genres.

Sur un sol fertile, aisé à cultiver, la population s'y accroît promptement, aussi a-t-elle été, est-elle encore considérable dans ce pays.

Depuis près de deux siècles la traite a enlevé à l'afrique environ neuf millions d'individus qu'elle a engloutis dans le vaste cimetière de nos isles. Elle moissonne tous les ans plus de cent mille malheureux, et cependant vous trouvés encore en Afrique des villages habités, nombreux, qui fournissent une recrue inépuisable.

Je dois fixer votre attention sur ces deux points; sur la bonté du sol, sur la population nombreuse, pour répondre à deux objections des apôtres de la traite : pour la justifier, ils ne cessent de répéter que c'est pour rendre service à leurs captifs qu'ils les arrachent à un pays stérile. Eh! s'il étoit stérile, comment porteroit-

il une population aussi prodigieuse ? Mais, d'ailleurs, la fertilité du sol est mise hors de doute,
et par les dépositions faites au conseil privé
d'Angleterre, et par les voyageurs qui ont le
plus long-tems résidé en Afrique, par MM. Adan-
son, Moore, Bosman, Falconbridge, et par un
des défenseurs de la traite, M. Lamiral.

Ils représentent ensuite les noirs comme des
hommes sans idées, sans religion, sans talens,
réunis en hordes éparses, toujours en guerre les
uns contre les autres, luttans contre les besoins
et la misère ; et ils en concluent qu'on a le
droit de les transporter dans un autre pays, de
les y enchaîner, de les y excéder de travail.
Je reviendrai sur cette étrange conclusion ; mais
je dois dire d'abord que chaque ligne de ce tableau est un mensonge. Certainement, la race
africaine n'a pas porté sa civilisation, son industrie, ses développemens à un degré où ils
sont parvenus en Europe ; mais pour être loin
de nous, elle n'est pas stupide, comme on le
dit faussement.

Les noirs sont sobres, ils ont peu de besoins,
la chaleur les provoque au repos ; pourquoi donc
auroient-ils cette agitation perpétuelle du travail
qui tourmente les européens ? Pourquoi leur
faire un crime de s'abandonner à la nature des
choses ? Pourquoi leur faire un crime de la sim-

plicité de leurs cabanes, des meubles qui les garnissent, de leurs vêtemens, de leurs nudité même, si le climat n'exige point qu'ils prennent contre les intempéries de l'air, les précautions dont nous faisons usage ? Pourquoi leur faire un crime des foibles progrès de leur culture, si le riz et le millet, si la pêche, si l'éducation de quelques bestiaux satisfont leurs besoins ? Sans doute, ils n'ont pas porté les arts au degré qu'ont atteint les nôtres ; mais ils savent fabriquer le sel, forger le fer, faire des outils d'agriculture et de bâtisse, et cela leur suffit ; pourquoi les forcer d'aller au-delà ? Ils ne font pas des livres, ils n'élèvent pas de superbes monumens, ils adorent Dieu dans les champs ; et on les enchaîne parce qu'ils pratiquent cette simplicité heureuse ! Leurs idées varient sur la religion ; et où ne varient-elles pas ? Le mahométisme, l'idolâtrie, un christianisme défiguré y sont les cultes principaux ; mais être mahométan, mais croire à un marabout, mais adorer un fétiche, sont-ce là des crimes qu'il faille expier par un esclavage perpétuel ? Ah ! loin de nous cette doctrine affreuse qui a couvert, qui couvriroit encore la terre de torches funéraires, qui armeroit les peuples les uns contre les autres.

Leur gouvernement est, comme la nature du pays, simple et varié : ici c'est la monarchie, là le républicanisme ; par-tout peu de loix, peu de juges, peu de taxes ; et dans ce petit nombre de loix, vous trouverez les loix les plus sages ; vous y trouverez l'égalité des droits, l'égalité des partages dans les successions.

Sous un bon climat, avec peu de besoins, avec des arts peu avancés, sous un gouvernement simple, vivant dans la campagne, nécessairement les mœurs sont pures et bonnes ; et telles sont les mœurs des nègres : tempérance, douceur, attachement pour leurs femmes, leurs enfans, respect pour les vieillards, ils réunissent toutes les vertus domestiques ; et ces traits ne sont point romanesques, je les puise dans les ouvrages même des partisans de la traite. Ce sont encore eux qui m'apprennent que les noirs, dans plusieurs parties de l'Afrique, sont vifs, actifs pour le commerce, infatigables pour les travaux, soutenant gaiement les plus pénibles, sous l'ardeur dévorante d'un soleil brûlant, tandis que cette chaleur anéantit l'activité des blancs. Par exemple, le commerce qui se fait du Fort Saint-Louis à Galam, sous la brûlante canicule, et par des bateaux qui remontent la rivière, s'y fait entièrement par des noirs ; les blancs qui l'affrontent, ne peuvent pas y résister et ils périssent par la chaleur.

Voilà, Messieurs, les hommes et le pays que

l'avidité européenne a calomniés constamment pour justifier le vol et le trafic infâme qu'elle en fait; ils vivent contens au sein de la nature ! et on les en arrache sous le prétexte qu'ils sont malheureux ! On feint de croire qu'ils sont à plaindre, parce qu'ils n'ont pas nos besoins. On les enleve sous le prétexte de les rendre plus heureux; et dans le fait, pour les condamner à des tourmens éternels ! aussi ne doit-on pas être étonné de voir ces infortunés regretter sans cesse l'Afrique, pleurer toujours le lieu de leur naissance, le sein qui les a nourris. C'est le refrein éternel de leurs gémissemens et de leurs mélancoliques chansons. Cet attachement des noirs pour leurs pays ne peut s'exprimer; il ne conçoivent de bonheur dans un autre monde que celui d'y revoir leur patrie , et malgré les ravages des européens et des maures, les noirs qui ont été forcés de déserter leurs cabanes y reviennent toujours, lorsque l'orage est passé.

Tout condamne donc ici l'européen armateur; il est criminel, d'abord en enlevant des hommes; il l'est beaucoup plus, en les enlevant à un pays qu'ils chérissent, à un genre de vie qui les rend heureux.

Eh! l'africain ne fut-il pas heureux, seroit-ce un titre pour l'arracher de son habitation? L'homme seul a le droit de disposer de sa personne et de ses actions ; la misère n'altère point ce droit, et ne donne point à un autre de titre sur la liberté. Qui d'ailleurs, a rendu les armateurs européens juges du bonheur des noirs ? Encore si c'étoit pour les transporter dans nos maisons commodes et élégantes, pour les entourer de jouissances et de plaisirs, pour leur donner des lumières et perfectionner leur entendement ; ce n'en seroit pas moins un délit, puisque ce seroit un attentat à la liberté : mais non, c'est pour les dévouer à des travaux continuels, aux fouets des bourreaux, aux humiliations, à la faim, aux regrets, au désespoir ! Ainsi, cette fausse charité n'est qu'une barbarie qu'on se fait un jeu de colorer par des mensonges absurdes.

Ceux qui me restent à réfuter, ne sont pas moins révoltans.

Parcourons la manière dont se fait la traite, et afin de vous offrir des faits qui ne puissent pas être niés, je prendrai ceux qui sont à la connoissance de nos armateurs. Je m'attacherai sur-tout à la traite qui a lieu dans les pays situés près des comptoirs et des forts françois, pays appellés de traite françoise. La France a deux forts sur la côte d'Afrique, Saint-Louis et Gorée. Les contrées qui les avoisinent, tels que Cayor, Sin, Sallum, les Oualos, les Poules, etc. fournissent tous les ans environ 2200 esclaves noirs qui sont amenés à ces deux forts. Le pillage, la guerre, la condamnation pour prétendus crimes, sont les principales sources de ce recrutement d'esclaves; car, il y a peu d'esclaves de naissance.

On distingue le grand et le petit pillage, et tous les deux sont ordonnés par les princes, quand ils ont besoin d'argent, quand ils sont excités par des présens, quand ils sont persécutés pour payer leurs dettes, ou quand enfin ils desirent acquérir des hochets européens.

Le petit pillage est un guet à pend. Cinq ou six soldats du prince se mettent en embuscade à l'entrée de la nuit, surprennent un homme, une femme, des enfans, un voyageur, les menent au Prince qui les vend au courtier ou au vaisseau à la rade. Les grands pillages se font par des corps d'armée de 1000 jusqu'à 4000 hommes qui fondent à l'improviste sur un village dépendant même du souverain qui les commande, et emmenent tous les malheureux habitans qu'ils peuvent saisir. Ces pillages se font tous les ans, parce que, pour entretenir une traite régulière, la compagnie du Sénégal et les armateurs particuliers y excitent les princes. Il n'est rien qu'on ne mette en usage pour réussir; par exemple, en 1786 le roi de Sallum résistoit à toutes les insinuations; on savoit qu'il aimoit les monnoies brillantes, on étala devant lui des louis d'or neufs et il succomba.

Un autre roi de Joal se montra aussi inflexible, on l'enivra, et on surprit un ordre pour piller un de ses villages.

C'est ainsi, Messieurs, qu'au lieu d'enseigner à ces rois l'art de gouverner leurs peuples, de les rendre heureux, nous les séduisons pour commettre le crime le plus affreux, nous les transformons en voleurs, en bourreaux de ces peuples dont ils doivent être les peres. Que dis-je ? nous faisons la guerre à ceux qui sont assez vertueux, assez humains pour résister aux sollicitations de la cupidité ; en voici un trait frappant arrivé récemment, et qui vous pénétrera d'indignation contre les marchands d'esclaves.

Il est un roi d'une tribu nombreuse appellée les Poules, qui habite un assez vaste pays ; ce roi ayant été élevé dans la classe des prêtres a porté sur le trône plus de lumières que ses prédécesseurs. Le sage Almammi (c'est son nom) s'est déterminé en 1786, non-seulement à réfuser les présens de la compagnie du Sénégal, non-seulement à proscrire la traite de ses propres sujets, mais même il a déclaré qu'il ne permettroit à aucun marchand d'esclaves de passer sur ses terres avec sa marchandise. Savez-vous, Messieurs, quelle a été la récompense de ce trait sublime d'humanité, de cette leçon donnée par un prince noir aux européens. On lui a suscité des ennemis qui ont pillé ses frontières ; on a excité contre lui les maures qui l'ont attaqué, qu'il a vaincus, et il est resté inflexible. Sa magnanime résolution met de grands obtacles à la partie de la traite qui s'étend sur Bambara, parce que les esclaves sont obligés de traverser ses domaines.

Telle est l'horrible corruption de ce commerce, que pour l'exercer on est obligé, non-seulement de séduire les princes, mais même leurs sujets, et de transformer des noirs en chasseurs, en courtiers de la vente de leurs semblables. Eh ! savez-vous ce qui justifie ces misérables à leurs yeux ? Les européens qu'ils regardent comme des êtres supérieurs leur montrent le chemin ; ainsi nous n'usons de l'opinion qu'ils ont de notre supériorité, que pour les engager dans un trafic qui n'est qu'un tissu perpétuel de crimes ; car ces courtiers ne sont occupés qu'à tendre des pièges aux noirs, qu'à les faire surprendre par leurs chasseurs et qu'à les tourmenter quand ils les ont en leur possession.

Ces facteurs nègres ont été arrachés à la culture pour se livrer à ce métier infâme, et ils ont contracté la dureté des européens ; la crainte de voir cesser ce commerce les tourmente comme

les

les armateurs; un de ces courtiers nègres in-
formé dernièrement que la société des quakers
travailloit à l'abolition de la traite, dit que ce
seroit une chose fâcheuse pour lui et ses con-
frères, qu'ils seroient réduits au même état que
pendant la dernière guerre, temps où la traite
étoit suspendue, et où la pauvreté les obligeoit
de labourer la terre.

Les noirs ne sont pas les seuls que la cupidité européenne dresse à cette chasse humaine.
Il est une classe d'hommes dont, par l'appas
du gain, on a tourné l'industrie vers cet objet,
ce sont les maures, peuplade errante, semblable
à celle des arabes bedouins par ses goûts, ses
qualités et ses mœurs; actifs, infatigables, sobres,
ne redoutant aucun danger, n'étant attachés à
aucun pays, avides d'argent, ayant peu de
moyens d'en gagner, rusés dans le commerce,
les maures ont saisi avec ardeur le moyen que
leur offroit les européens. Ah ! combien ces derniers sont coupables de ne leur avoir pas offert d'autres commerces, plus humains qui, peu
à peu les auroient civilisés, auroient développé
leur industrie, pour le bien de l'humanité, pour
le bien de ces noirs, qui, séduits par leur exemple, les auroient imités. Mais non, l'intérêt per-
sonnel ferme les yeux sur l'intérêt général, et
ne calcule que son profit actuel. Excités par

B

les présens des européens, et par le prix qu'ils mettent à des individus qui leur coûtent peu de risques à voler, les maures font un métier continuel de dévaster, de piller les villages des noirs ; et ce peuple doux, semblable, de son côté, à ces Indiens que les Turcs ont subjugués depuis si long-temps, ne leur oppose aucune résistance.

Il est plusieurs pays, tel que Juidah, Bonny, Kalabar, où les capitaines européens ne rougissent pas d'imiter les maures, de forcer leurs matelots à remonter les rivières et à se mettre en embuscade pour surprendre les noirs.

Vous voyez par ces détails, Messieurs, que le recrutement des esclaves noirs se fait principalement par le pillage des princes et par celui des maures. Ceux que fournissent les condamnations, sont peu nombreux en comparaison. C'est encore ici un nouveau genre de crime que l'avarice européenne a enseigné aux princes. Dans une société peu nombreuse, et où il y a peu de besoins, il doit y avoir peu de crimes. Les européens ont appris aux princes l'art de trafiquer de ces crimes, de les distinguer, de les diviser, subdiviser, comme nos anciens casuistes, en un mot l'art, de multiplier les crimes, pour multiplier les esclaves. Ainsi, non-seulement l'adultère et le meurtre volontaire, mais même

le meurtre involontaire, le vol le plus léger,
des discours indiscrets, l'accusation de sorcel-
lerie sont aujourd'hui les causes et les prétextes
de l'esclavage. A l'approche d'un vaisseau européen, ces accusations se présentent en foule,
les jugemens se prononcent légèrement, et la
peine frappe non-seulement le prétendu coupable, mais même toute sa famille. Est-il riche ?
il se rachette en se remplaçant. Est-il pauvre ?
il est livré avec toute sa famille aux barbares
commerçans.

Eh ! qu'on ne dise pas que cet usage est très-
ancien. Sans doute avant la traite, les princes con-
damnoient quelquefois des coupables à l'esclavage, mais ces coupables étoient peu nombreux,
parce qu'on n'avoit aucun intérêt à les multiplier.
Mais d'ailleurs ces coupables, en expiant leurs
crimes, restoient dans leur pays, vivoient au
sein de leur famille, n'étoient chargés que d'un
travail supportable et modéré.

Et c'est ici que je dois encore fixer vos regards, parce que ce fait offre une objection souvent répétée par les armateurs. Ils disent que le
sort de ces esclaves est affreux, et qu'on leur
rend service en les transplantant dans les îles.
Imposture démentie par tous les voyageurs !
Quelle différence du sort d'un esclave de Saint-
Domingue, à celui de l'Afrique ! Ce dernier vit

dans sa patrie, au milieu de ses habitudes, il loge sous le même toit que ses maîtres, partage souvent leur nourriture ou au moins celle de leurs enfans ; il peut se livrer au repos pendant quelques heures de la journée ; jamais ce repos n'est troublé par l'horrible bruit des fouets qui le rappellent au travail ; et à Saint-Domingue, le malheureux captif confiné dans une terre étrangère, arraché aux siens, ne voyant autour de lui que des objets de désespoir, que des malheureux martyrisés comme lui, étranger à toute espèce de jouissances, traîne ses jours et ses nuits dans les larmes, sous le poids des chaînes, sous les coups déchirans, jusqu'à ce que la mort bienfaisante vienne mettre un terme à ses misères.

Sans doute avant la traite, il y avoit des guerres en Afrique, et plus d'une fois les prisonniers ont subi la mort, mais ces guerres n'étoient ni fréquentes ni bien sanglantes. Le caractère connu des noirs ne permet pas de croire à des haines longues et implacables ; leur défaut de moyens étoit un obstacle à la continuité des guerres. Une bataille qui coûtoit peu de sang décidoit la guerre, et chacun se retiroit chez soi : mais la traite a multiplié ces guerres, et elles sont devenues cruelles. La crainte de tomber dans l'esclavage européen force les vaincus à se faire plutôt périr que de se rendre. On n'y déclare plus ces guerres pour se venger, mais pour faire des prisonniers, et l'on peut affirmer que les trois quarts de celles qui ensanglantent l'Afrique sont occasionnées par les seuls artifices des européens. Parmi les traits nombreux que je pourrois vous offrir, je ne vous en citerai qu'un raconté par un témoin oculaire. « Arrivé sur la côte, dit-il, le capitaine députa selon sa coutume au roi, pour lui envoyer ses présens, et lui demander une cargaison d'esclaves. Le roi s'engage de la fournir; fond à l'improviste sur ses voisins; mais ils étoient préparés : le combat s'engage. Il dura trois jours; 4500 hommes restèrent sur le champ de bataille.

Ces scènes sanglantes souillent toutes les années, les pays de Juidah, de Bonny et de Kalabar; pays que la traite dépeuple doublement, et par les hommes qu'elle y fait assassiner, et par les prisonniers qu'elle en exporte. Mais je vous en ai dit assez, je crois, pour vous prouver que ce commerce n'étoit qu'un tissu de barbaries exercées sur un peuple bon, paisible et heureux; que ce commerce ne subsiste que par les vols, les pillages, les guerres, les condamnations injustes, et s'il est prouvé que cent mille individus sont chaque année victimes de cette conspiration des marchands européens contre les africains, on peut affirmer que plus de 99 mille jouissoient de leur liberté avant le cruel attentat qui les enlève à leur pays, et que les mille restans, quoique esclaves, sont arrachés à une servitude douce et suportable pour être plongés dans un esclavage infernal.

Ici, Messieurs, s'ouvre une une nouvelle scène d'horreurs, et il faut réunir toutes ses forces pour pouvoir la suporter. A peine l'esclave est-il livré à son nouveau maître, qu'on lui imprime sur l'épaule un fer rouge ; cet étampement cruel paroît une précaution nécessaire pour s'assurer de cette bête de somme et empêcher sa fuite. A mesure que les esclaves arrivent, on les entasse dans le vaisseau qui doit les transporter aux isles.

Je ne vous peindrai point les tourmens qui déchirent ces malheureux, assiégés tout-à-la-fois par mille idées lugubres, par le désespoir de quitter leur patrie, leurs épouses et leurs enfans. Ayant sans cesse devant les yeux l'image d'une mort cruelle, la crainte d'être dévorés par les européens qu'ils regardent comme des antropophages, je ne vous peindrai point tous les efforts qu'ils employent pour prévenir ce sort affreux, ou en se révoltant, ou en se jettant à la mer, ou en se donnant la mort. Les menottes, les chaînes, l'emprisonnement ne les empêchent pas toujours de réussir, et il est difficile qu'un vaisseau quitte la côte sans avoir perdu quelques esclaves de l'une ou de l'autre manière.

Vous êtes surpris, sans doute, Messieurs, de m'entendre parler de menottes, de chaînes; c'est un assortiment essentiel d'un vaisseau négrier. Il semble à entendre la description que les armateurs font de la misère des africains, et du bonheur des esclaves de nos isles, que les premiers devroient venir s'offrir sur leurs vaisseaux, pour aller jouir dans une isle fortunée d'une habitation commode, d'une nourriture abondante et d'une vie heureuse. Mais ces tableaux sont imaginaires, les noirs en sont bien convaincus, et en conséquence ils redoutent, ils fuient les européens, et il n'est rien qu'ils ne tentent pour s'en délivrer.

Leur fureur vengeresse est bien pardonnable. Suivez-moi, je vous supplie, dans le tableau rapide que je vais vous faire d'un vaisseau négrier, de l'amoncelement des victimes et des mauvais traitemens auxquels ils sont soumis.

J'ai sous les yeux une description authentique d'un de ces vaisseaux fait par un capitaine négrier, par ordre du gouvernement anglois. J'ai vu d'autres descriptions de vaisseaux négriers; et dans ceux où les esclaves sont les mieux traités, on ne leur accorde qu'une espace de six pieds de long sur 16 ou dix-huit pouces de large.

Ils sont tellement pressés les uns contre les autres, que le chirurgien qui va les visiter quand ils sont malades, a de la peine à passer sans fouler quelques jambes ; la hauteur des cloaques où ils sont couchés est de 2 à 3 pieds, en sorte que non-seulement ils ne peuvent se tenir debout, mais pas même assis, s'ils sont un peu grands. Figurez-vous donc ici les maux qu'endurent ces pauvres africains, enchaînés deux à deux par les deux pieds et les deux bras qui s'avoisinent, ensorte que l'un est toujours obligé de suivre les mouvemens de l'autre, et est associé à ses douleurs et à ses maladies. Représentez-vous ces malheureux nuds, couchés sur le bois, meurtris par les chaînes qui déchirent leurs bras et leurs jambes, et dans les gros temps se heurtant, s'ensanglantant réciproquement par de violentes contusions ; représentez-vous ces cadavres livides, entassés dans un entrepont étroit, sans aucune circulation d'air, exhalant des vapeurs fétides bientôt transformées en miasmes dangereux, qui repompés par leur aspiration, portent dans leur sang le poison de la mort. En vain on multiplie les ventilateurs, les treillis ; en vain les pauvres malheureux, la bouche ouverte, la langue pendante, se collent à ces treillis, pour aspirer un peu d'air ; ce soulagement leur est encore refusé ; le soleil dans ces climats brûlans darde des rayons de feu, ou des pluies fréquentes inondant le vaisseau, forcent de fermer les treillis, les ventilateurs, et les malheureux noirs sont ensevelis vivans dans un sépulcre horrible. C'est alors qu'on entend les sanglots, les cris de la rage, du désespoir; un morne silence succède; un abattement universel a frappé tous ces captifs; la mort vient successivement les arracher à leurs douleurs. Ce n'est point ici, messieurs, une description romanesque, je vais mettre sous vos yeux le rapport d'un chirurgien témoin d'un de ces spectacles affreux, qui accompagne presque chaque traversée de vaisseaux négriers aux Isles.» Un grand vent, dit-il, accompagné de pluie, nous ayant forcés de fermer nos sabords, et même de couvrir les treillis, la fièvre et le flux se déclarèrent bientôt parmi les noirs. J'allois souvent les visiter, mais à la fin la chaleur de l'entrepont devint telle, qu'elle étoit insupportable au-delà de quelques minutes. Ce n'est pas tout; le plancher de leur chambre étoit tellement infecté d'odeurs putrides, et couvert de sang, suite du flux dont ils étoient attaqués, qu'on croyoit être au milieu d'une boucherie. Il n'est pas possible à l'esprit humain d'imaginer un tableau plus horrible et plus dégoûtant. Un grand nombre de ces esclaves étoit sans connoissance; on les porta sur le pont où plusieurs moururent et les autres revinrent avec peine ; peu s'en fallut que je ne fusse moi-même du nombre des victimes » (1).

Ne croyez pas, messieurs, que ces scènes affreuses soient rares ; elles sont très-fréquentes, parce que les voyages sont longs, sous un climat ou dévorant, ou extrêmement pluvieux ; parce que, quoi qu'on fasse, beaucoup d'hommes entassés dans une prison aussi étroite, y corrompent bientôt l'air, y contractent bientôt des maladies. Ces maladies se manifestent même dans les vaisseaux où le nombre des noirs égale celui des tonneaux, et où l'on prend les précautions les plus grandes ; ainsi que l'a éprouvé le capitaine Brower, capitaine humain qui avoit toujours un excellent hôpital à bord.

Votre sensibilité s'émeut à ce détail ; mais, messieurs, c'est la cause de l'humanité que je plaide ; et je serois coupable de vous déguiser les maux que les africains endurent dans la traversée. Je serois coupable de vous déguiser les cruautés que les capitaines exercent envers les esclaves, lorsque s'abandonnant au désespoir, ces derniers refusent de manger, ou lorsqu'on craint une révolte, ou lorsqu'enfin des

____

(1) Falconbridge's account of the negro trade, ou tableau de la traite des noirs, par M. Falconbridge. p. 251.

maladies contagieuses et la disette se déclarent.

Le croiriez-vous , messieurs ; la cruauté européenne a poussé son art infernal au point d'imaginer des instrumens pour forcer ces malheureux captifs de manger ; et ces instrumens, on les applique, lorsque la question du palan a disloqué leurs membres et abattu leur courage. Ecoutez ce que dépose un témoin oculaire et véridique. » Dans mes quatre voyages , dit-il, je vis des esclaves qui refusèrent de prendre de la nourriture : tantôt on étendoit leur corps au moyen de poulies ; et dans cette situation on les flagelloit , jusqu'à ce qu'ils consentissent à manger. Plusieurs d'entr'eux refusant encore de prendre des alimens , on leur ouvrit la bouche de force avec des instrumens. Presque toutes ces violences furent inutiles ; et ces infortunés périrent.

» Dans un autre voyage , un grand nombre d'esclaves refusèrent de manger ; un jeune nègre, désespéré de sa situation , s'opiniâtra d'une manière plus particulière à rejetter toute espèce de nourriture. On prit tous les moyens possibles pour lui conserver la vie. On lui versa dans la gorge des alimens liquides avec un entonnoir fait de corne ; on lui mit des menottes aux pouces, et cela presque tous les jours , jusqu'à ce que ces bras fussent devenus excessivement enflés. Tous ces excès furent inutiles, et il pérsévéra jusqu'à ce que la mort l'eût délivré de ses oppresseurs ».

Le désespoir peint sur les figures annonce-t-il à l'ame craintive et soupçonneuse des tyrans qu'un complot est près d'éclater ? Sur ces soupçons souvent sans fondement, quelques-unes de ces victimes sont dévouées aux traitemens les plus cruels, les plus douloureusement prolongés, jusqu'à ce qu'elles aient avoué un complot véritable ou supposé. Résistent-elles à ces souffrances ? Jettées à la mer, elles font place à d'autres, et le fouet vengeur frappe indistinctement sur toutes. Ces excès n'arrêtent pas, ne préviennent pas toujours les révoltes. Lisez la terrible histoire du vaisseau de Bristol, qui dans un de ces soulèvemens, perdit cent noirs; et vous verrez ce que peut le courage de ces hommes quoique désarmés ; vous verrez que leurs barbares vainqueurs firent jetter tout vivans à la mer ceux qui avoient été mutilés dans le combat. Et qu'on ne dise pas que les révoltes sont rares à bord des vaisseaux françois. N'en vit-on pas une éclater en 1788 sur quatre de ces vaisseaux à la Côte, dont deux perdirent tous leurs noirs et furent brûlés ?

Une maladie contagieuse se décare-t-elle, ou craint-on une disette de vivres ? le parti est bientôt pris. Les *anglois* jettent à la mer les malheureux qui sont dévoués ; vous trouvez plusieurs exemples de cette atrocité rapportés par M. Clarkson et le docteur Frossard.

Les françois, à ce qu'on assure, préfèrent de se défaire de leurs esclaves d'une autre manière. J'ai entre mes mains la déposition imprimée d'un Suédois, homme respectable par ses lumières, qui a résidé quelques années en Afrique, dans laquelle il déclare (1) que le capitaine Leloup et d'autres capitaines et négocians lui ont dit, que lorsque des vaisseaux négriers françois sont retenus par des calmes ou des vents contraires et sont menacés d'une disette de provisions, ou qu'ils craignent quelques maladies, alors ils mêlent dans les alimens des esclaves du poison pour s'en défaire. C'est pourquoi, ajoute-t-il, les vaisseaux négriers du Havre ont toujours à bord une provision de poison. Le capitaine Leloup cite entr'autres un bâtiment de Brest, retenu par des calmes dans son voyage de Guinée aux îles, qui, sur 500 en avoit tué par le poison 479, et n'en débarqua que 21 au Cap.

____

(1) *V.* l'ouvrage intitulé : The substance of the evidence on the slave trade ; — ou substance de dépositions sur la traite des noirs, pages 116 et 117 ; à Londres, chez Philips.

Il cita encore un autre vaisseau, où sur 400, 30 périrent de la même manière.

Qui de vous ne regarde pas maintenant un vaisseau négrier comme un enfer anticipé, où l'on éprouve les supplices les plus cuisans ? Aussi, quel en est le résultat ordinaire ? Parcourez la liste authentique de morts qu'emportent ces cercueils flottans, telle qu'elle est donnée par M. Clarkson, vous y verrez tantôt un tiers, tantôt la moitié, tantôt les deux tiers de la cargaison, tantôt la cargaison entière, emportés par les maladies. Par un calcul moyen fait, et dans les isles, et en Angleterre, il est démontré que la perte est de 22 sur 100 noirs dans la traversée. Nous ne pouvons fixer avec la même précision les pertes des vaisseaux françois, mais nous avons des renseignemens qui nous prouvent qu'elle est très-grande, nous savons, par exemple, que cette année même un vaisseau venant de Mosambique avec 242 esclaves, en a perdu dans son passage 200.

Qu'on ne vienne pas nous dire qu'ils ne peuvent en perdre autant, parce que dans les vaisseaux françois on n'entasse pas autant de victimes. J'ai dans mes mains la preuve du contraire.

Le vaisseau le *Brooks* est supposé porter 2 hommes par tonneau, quoiqu'il ne dût en porter qu'un et demi ; et dans ce calcul il n'y a aucun intervalle d'un homme à un autre.

Le navire *Le Diligent*, jaugé en 1787 à Marseille pour 300 tonneaux, a porté 300 noirs. Or, vous observerez, Messieurs, comme je vous le ferai voir dans un instant, que par la jauge françoise, un tonneau négrier n'est qu'un demi-tonneau ; ainsi ce bâtiment d'une continance réelle de 150 tonneaux a porté 2 noirs par tonneau.

Mais, messieurs, voici un fait que j'aurois de la peine à croire, si je ne le puisois dans une source authentique. Le navire la Marie-Louise, armé à Honfleur en 1788, jaugé pour 140 tonneaux, a porté au sud Saint-Domingue 325 noirs. Ainsi, en supposant que cette continance de 140 tonneaux fût réelle, ce seroit à-peu-près 3 hommes par tonneau. Qu'est-ce donc si cette continance n'étoit que la moitié du tonnage ordinaire ? L'imagination peut-elle se peindre les tourmens d'hommes s'étouffant les uns et les autres dans un si petit espace ? Eh ! pourquoi, dira-t-on, ne pas accorder plus de place à ces malheureux ? — Pourquoi ? — Parce que si vous traitez les noirs autrement qu'une cargaison, la perte est sûre. Ici tout est calculé, tout est combiné. L'atrocité devient nécessaire pour le profit ; les marchands de

Liverpool ont déclaré l'année dernière qu'ils seroient ruinés en transportant au-dessous d'un nègre et demi par tonneau. Et dans ce transport, je vous ai dit qu'un nègre n'avoit pas plus de 6 pieds de long sur un pied et demi de large.

Mais, d'ailleurs, réduisez de moitié le nombre des victimes ; accordez-leur deux pieds, trois pieds de large, n'est-ce pas toujours une situation affreuse, que d'être pendant deux mois perpétuellement couché sur le dos, nud, sur le plancher, enchaîné ? Les froissemens violens dans les tempêtes, le défaut d'air pendant les pluies, les maladies n'existent-elles pas toujours ?

Eh ! si comme on nous le dit, les esclaves françois sont mieux traités à bord, plus contens, pourquoi donc ces chaînes, ces menotes et tous ces instrumens de barbarie dont ils sont couverts ?

Vous voyez, messieurs, quelles atrocités se commettent dans la traversée ; et pour les réunir et les peindre d'un seul trait, je vous dirai que sur 100 mille noirs exportés chaque année de l'Afrique aux isles, 22 mille périssent, suivant le calcul commun le plus modéré. Cette considération ne doit-elle pas faire frémir ? Ainsi, après avoir massacré des milliers d'africains, pour avoir 100 mille esclaves, en dévouer

22 mille à une mort certaine ; quelle affreuse barbarie !

Il ne me reste plus qu'à vous entretenir du sort réservé aux noirs dans nos isles, et je ne serai pas long. Une nouvelle indignation s'élèvera dans vos âmes.

Je n'arrêterai point vos regards sur les scènes dégoûtantes qui accompagnent la vente des esclaves ; je ne vous parlerai point de ces examens préliminaires, de ces indécentes recherches des déguisemens imaginés par les vendeurs pour pallier les défauts de cette marchandise vivante. Je n'arrêterai point non plus vos regards sur la barbarie avec laquelle on sépare le mari de l'épouse, la mère de ses enfans ; je ne vous parlerai que de la manière dont les esclaves sont traités dans les habitations.

Pendant la première, et même la seconde année de leur captivité, on se conduit à leur égard avec assez de douceur. Gardez-vous de croire que c'est l'humanité qui dicte ce régime bienfaisant ; c'est la crainte, c'est l'avarice. On veut apprivoiser ces malheureux, toujours désespérés, toujours regrettant leur patrie ; on veut les empêcher de se donner la mort ; on veut enfin les acclimater. De là résulte un défaut de travail pendant deux ou trois ans. *Première perte.*

Malgré les soins qu'on a de ces noirs, les premières années de leur transmigration, il en périt au moins un tiers dans cet intervalle, et c'est le résultat du chagrin, du désespoir, de la mauvaise nourriture qu'ils ont eue, des mauvais traitemens qu'ils ont essuyés à bord, des remèdes répercussifs qu'on a employés pour pallier leurs maladies internes, et leur donner pour la vente un faux air de santé. *Seconde perte.*

L'avide propriétaire veut ensuite se dédommager, et du temps perdu, et du prix qui lui a échappé par la mort d'une partie de ses esclaves, alors il excède de travail ceux qui lui restent. Ces malheureux perdent bientôt leurs forces, leur santé. Il en périt constamment un douzième chaque année. *Troisième perte.*

Des hommes ainsi tourmentés, opprimés dans tous les instans de leur vie, ne se reproduisent pas. *Quatrième perte.*

Ce défaut de population est le plus invincible argument contre toutes les fausses idées que les partisans de la traite répandent sans cesse sur la situation des nègres, sur le prétendu bonheur dont ils jouissent, sur l'humanité avec laquelle on les traite. Pourquoi, leur dirois-je, leur population, loin de s'accroître, diminue-t-elle ? Et je les défie de répondre, parce qu'il n'est pas un seul pays sur la terre, où l'homme étant heureux ne multiplie pas.

Dans la vérité, messieurs, la vie d'un noir est un enchaînement continuel de travaux pénibles, de misères et de douleurs qui le conduisent promptement au tombeau.

Son travail de chaque jour n'a d'autre terme que la nuit, et la nuit arrive lentement dans ce climat voisin de l'équateur, et la nuit le voit souvent encore occupé, lorsque la lune l'éclaire. Et quel travail! il n'en est point d'aussi pénible, d'aussi insalubre. Jamais un moment de repos ne vient réparer ses forces épuisées. Sous le prétexte qu'il est naturellement paresseux, on lui distribue des coups de fouets, si un instant il cède à la lassitude qui l'accable. Le croiriez-vous, le sexe foible et si digne d'intérêt, n'est pas exempt de ce traitement barbare; il n'en est pas exempt, dans cet état même où les peuples les plus cruels respectent les femmes.

Et quelle est la nourriture que l'on donne aux esclaves? des patates, des ignames, de mauvais végétaux, jamais de viandes, quelquefois de la morue vieille et desséchée, voilà les seuls alimens de malheureux condamnés à d'éternels et pénibles travaux.

Au moindre murmure, au plus léger soupçon, au premier signe de résistance, des mutilations

atroces, la mort même, ne paroissent pas suffi-
santes pour expier ces mouvemens si naturels
dans l'homme opprimé. Je vous ferois frémir,
si je vous faisois le tableau de tous les tourmens horribles qu'on fait supporter à ces victimes infortunées. Il est des exemples de nègres
qui ont été jetés vivans dans des fours ardens.

On vous citera sans doute les lois faites pour
protéger les noirs contre ces atrocités. S'il étoit
question d'examiner ici ces lois, je prouverois
que ce sont des loix féroces, des lois de sang,
et que dans leurs dispositions les moins inhu-
maines, elles ne sont même pas observées. Il
est rare que le magistrat, dans les isles, ne soit
pas lui-même complice des attentats qu'on se
permet contre les esclaves. Lui-même possède
des noirs, il est l'ami des blancs, il se laisse
entraîner par le préjugé, par les exemples dont
il est environné, il cède aux idées générales
répandues dans nos isles, que l'esclavage y est
naturel, indispensable, et qu'il ne peut se
maintenir que par la puissance la plus illimitée
du maître sur son esclave ; de sorte que les
lois étant sans organes et sans protecteurs, de-
meurent sans effet.

L'intérêt, dira-t-on, est la meilleure des lois
et la plus inviolablement observée. Or, elle
commande au propriétaire de bien traiter son

esclave , s'il veut le conserver et en tirer du profit.

Sans doute , si ce propriétaire ne fondoit pas ses espérances sur des recrues étrangères et annuelles, l'objection seroit de la plus grande force , ou pour mieux dire , sans réplique ; mais il calcule autrement , il calcule la durée d'une bête de somme ; en forçant le noir de travail pendant huit à dix ans , pour peu qu'il indemnise de son capital et des intérêts , voilà tout ce qu'il faut ; quand il ne peut plus rendre de services , que lui souhaite-t-on ? faut-il le dire ? la mort, et on le remplace.

Je ne puis vous détailler , messieurs , tous les maux affreux dont la traite est la source ; plus on y réfléchit , plus on en demeure convaincu.

Tel est cependant le commerce qu'une nation qui se vante d'être noble , douce et généreuse, ne rougit pas de faire ; tels sont les excès auxquels elle se livre. Un mot, un seul mot, devroit suffire pour faire proscrire à jamais ces actes d'injustice et de barbarie. Peut-il être permis de trafiquer du sang et de la liberté des hommes ? La liberté , ce premier et le plus grand bienfait de la nature, n'est-il pas un droit inaliénable et sacré. Un homme est-il le maître de son semblable ? peut-on l'acheter ? est-ce que ce traité n'est pas le plus terrible abus de la force, et la dépravation la plus abominable dont l'espèce humaine puisse se souiller ? Invoquez tant que vous voudrez les intérêts politiques, les raisons d'état et tous ces subterfuges, à l'ombre desquels on couvre les iniquités les plus révoltantes, rien au monde ne peut légitimer ni excuser un crime aussi affreux. S'il étoit aussi vrai qu'il est faux que les sociétés ne pussent se soutenir et devenir florissantes que par des attentats de cette nature, il vaudroit mille fois mieux les déserter et vivre au milieu des forêts. Que diriez-vous, je vous le demande, si on vous arrachoit ainsi de vos foyers, des bras de vos femmes, de vos enfans, pour vous vendre et vous traiter comme des bêtes de somme ? Vous vous livreriez à toutes les horreurs du désespoir, vous feriez retentir l'air de vos gémissemens, vous réuniriez toutes vos forces pour briser vos fers. Eh bien ! les noirs ne sont-ils pas ce que vous êtes ? N'ont-ils pas les mêmes droits que vous ? Oui, il n'est personne qui, au fond de son cœur, ne se sente accablé, humilié de ces vérités terribles ; mais la scène où toutes ces cruautés se passent, est éloignée de nos yeux, et elle ne nous fait pas une impression aussi profonde ; on s'étourdit sur ce cri intérieur de la conscience ; on l'étouffe par des idées fausses et vagues d'utilité publique ; on se justifie à ses yeux d'un forfait qui n'est pas son ouvrage, et que l'on croit avantageux de tolérer, comme si l'on n'étoit pas complice du crime qu'on peut empêcher, et qu'on laisse commettre. Cruel intérêt ! voilà comme tu dégrades l'homme !

Eh bien ! puisqu'il faut parler à cet intérêt, je vais donc descendre aux rapports politiques et prouver que la traite n'est pas moins condamnable sous cet aspect, qu'elle ne l'est sous celui de l'humanité ; je vais prouver qu'elle est tout-à-la-fois funeste à l'état, au commerce, aux planteurs, qu'elle est nuisible à la culture de nos isles, et à nos manufactures.

Je suis obligé de serrer ici mes preuves, elles se présentent en foule, et je ne puis les employer toutes.

La traite pèse sur l'état de deux manières, par la prime, et par la perte des hommes qu'elle emploie.

Vous serez surpris sans doute, messieurs, d'apprendre qu'un commerce qu'on vous a peint si lucratif, auquel on attache les destinées de millions de françois ; vous serez surpris, dis-je, d'apprendre que pour subsister, il a besoin de primes, et de primes énormes. Un commerce avantageux peut demander des primes pour se soutenir dans son commencement : ce sont des lisières qu'on donne à l'enfant ; mais lorsque l'enfant peut tracer lui-même et lui seul des pas assurés, il faut jetter au loin les lisières, ou s'il en a toujours besoin, c'est un être avorté. Il en est de même d'une branche de commerce ; si pour exister constamment, elle a constamment besoin de la prime, c'est une preuve sensible que ce commerce est désavantageux. Aussi les anglois, si bien versés dans cette partie, diminuent-ils toujours graduellement leurs primes avec le temps. Vous l'avez vu pour les exportations de bled, pour l'encouragement de la pêche. Eh bien ! messieurs, non-seulement la traite françoise a besoin de prime, mais on l'a sans cesse augmentée, sans que la traite ait sensiblement augmenté. Ces trois faits incontestables prouvent d'une manière irrésistible les désavantages de la traite.

Mais concevez-vous, messieurs, qu'un gouvernement ait pu avoir l'immoralité d'accorder cette prime ! A quoi devons-nous attribuer cette prime coupable ? Au défaut d'une constitution libre. Sans doute, si, lorsque cette prime fut sollicitée, une assemblée nationale eût existé, elle auroit rejetté avec indignation une proposition aussi révoltante. Aussi, messieurs, le parlement d'Angleterre n'a-t-il jamais offert à ce

infâme trafic une semblable douceur. Il y a plus,
et je dois vous répéter ici un fait qui vous prou-
vera l'horreur que son ministère a pour ce commerce. Il est dirigé en Angleterre par une espèce
de compagnie ou de conseil, appellé compagnie
d'Afrique, chargée de recueillir les débris des
compagnies précédentes, qui, comme toutes
celles de France, ont fait banqueroute dans ce
commerce lucratif. Le parlement, par un arran-
gement particulier, accordoit à cette compagnie
13,000 livres sterling chaque année pour l'en-
tretien des forts et comptoirs. L'année dernière,
le ministre a déclaré, dans la chambre des communes, qu'il ne donneroit pas son consentement
pour renouveller ce don l'année suivante, parce
que l'argent du trésor public pouvoit être mieux
placé que pour le soutien d'un commerce infâme.
Je répète ce fait qui est à la connoissance de
toute l'Angleterre, pour vous prouver combien
il est peu permis de douter de la sincérité de
l'Angleterre sur cette question.
Je reviens à la prime : il est donc immoral
d'en avoir donné une aux marchands d'esclaves;
il est impolitique de l'avoir continuée si long-
temps pour une branche de commerce, ruineuse
en elle-même. Il est plus qu'impolitique, j'oserai
dire qu'il est coupable, d'en avoir donné une aussi
énorme que celle qui se paie maintenant, et de

l'avoir continuée malgré la dilapidation connue qui s'en faisoit par des étrangers. Je ne vous parlerai point de la prime, telle qu'elle se payoit avant l'arrêt de 1784, et qui consistoit dans l'exemption de la moitié des droits d'entrée et des droits locaux sur les sucres des isles provénans de la vente des nègres, et consommés dans le royaume : elle occasionnoit tant de vols faits au trésor public, et ces vols étoient si évidens qu'on se résolut à changer la forme de la prime.

Par les arrêts du 26 octobre 1784 et du 20 septembre 1786, on accorde à chaque vaisseau négrier 40 livres par tonneau, et cette somme doit être payée avant que le vaisseau sorte du port.

Ce n'est pas tout : on accorde ensuite 160 liv. par chaque tête de nègres transportée à la Martinique et aux isles sous le vent, et 200 liv. par chaque tête transportée au sud de Saint-Domingue.

Ce n'est pas tout encore. Le commerce n'étoit pas satisfait de cette prime exorbitante. Il a imaginé d'éluder l'intention du conseil ; sous prétexte que des noirs ne pouvoient être entassés comme des marchandises, il a prétendu qu'on ne pouvoit mesurer un vaisseau négrier comme un vaisseau ordinaire ; il a demandé une faveur pour la mesure. Je ne descendrai point ici dans les détails minutieux des méthodes pour jauger

les vaisseaux de commerce ordinaire et les vaisseaux négriers ; il me suffit de vous affirmer ,
comme un usage incontestable et pratiqué dans
tous nos ports, que le tonneau d'un vaisseau
négrier n'offre que la moitié du tonneau ordinaire. Le résultat de cette pratique est que,
quoique l'arrêt ne porte que 40 liv. par tonneau,
l'état paie dans la réalité une prime de 80 liv.
par tonneau de commerce ordinaire.

L'avidité, pour gagner cette double prime, a
d'abord engagé quelques négocians à armer pour
la Guinée. On avoit la certitude de tirer du gouvernement, pour la prime du tonneau, une
somme qui indemnisoit d'une grande partie des
avances faites pour l'achat des noirs, et voilà
pourquoi la prime a monté, en 1786, à plus de
trois millions ; en 1788, elle n'étoit que de
2,815,378 liv. En 1786, le commerce françois
n'a cependant importé que 25,000 noirs environ,
et depuis il n'a pas sensiblement augmenté. De
ce fait il résulte que la double prime a payé,
en 1786, la moitié de la valeur réelle des marchandises données en échange d'un nègre, valeur
portée à 220 liv. par M. l'amiral ; c'est donc aux
dépens de l'état réellement que se fait ce commerce.

Vous vous étonnerez, messieurs, de voir cette
longueur avec un appas aussi considérable : vous

vous étonnerez de voir les françois n'exporter en noirs que la moitié de ce que les anglois exportent, quoique ces derniers ne soient soutenus par aucune prime; votre surprise cessera, en apprenant ce qui cause cette différence. Le capitaine anglois vit à bord de viande salée, et reste toute sa vie capitaine; le capitaine françois veut au contraires du luxe et des jouissances coûteuses: il veut de la viande fraîche, du pain frais, d'excellent vin; il veut une foule de superfluités qui exigent beaucoup de place et d'avances. Son équipage, quoique moins bien traité que lui, participe cependant à cette abondance de choses coûteuses. Ce capitaine exige d'ailleurs en appointemens 2,000 écus, et en outre 2 et demi pour cent sur la vente; en sorte qu'une grande partie des profits lui passe dans les mains, et qu'il est à portée de se retirer après trois ou quatre voyages à la côte.

Toutes ces considérations renchérissent nécessairement l'armement, et les commerçans anglois n'éprouvant point les mêmes inconvéniens, font la traite avec bien plus d'avantages, et peuvent toujours donner leurs noirs à meilleur compte. Aussi, qu'en est-il resulté? une collusion entre les commerçans françois et anglois, qui se pratique ouvertement, et dont il est nécessaire que je vous rende compte.

Malgré la double prime, plusieurs marchands françois n'étant pas encore indemnisés de leurs avances et des risques qu'ils courent dans ce commerce, qui n'est qu'une vraie loterie, ont imaginé, pour gagner la prime sans risque, de s'entendre avec des armateurs de Liverpool qui font la traite ; ces armateurs cèdent en apparence la propriété de leurs vaisseaux au maître françois, les lui envoient au Havre. On les jauge comme vaisseaux destinés à la traite françoise, ils partent avec la prime, sous pavillon françois, pour la côte, prennent des noirs de traite angloise, les débarquent aux isles françoises, reviennent avec des sucres et des certificats, et les profits se partagent entre l'anglois et le françois. Ainsi le but de l'arrêt est violé, car ce but étoit d'encourager la traite des noirs par les françois. On ne me niera pas sans doute cette pratique ; je pourrois en citer plusieurs exemples, je me bornerai à un seul récent ; c'est celui du vaisseau anglois connu à Londres sous le nom de l'*Active*, qui s'est naturalisé cette année même au Havre, sous le nom de *Duc d'Orléans*, qui a reçu la prime et est parti sous pavillon françois.

De tous ces faits, messieurs, que devons-nous conclure ? que cette prime est immorale, qu'elle est impolitique, qu'elle est exorbitante, qu'elle ne favorise point la traite françoise , et que, par une collusion coupable, une partie passe entre les mains des anglois ; il en faut donc conclure qu'elle est onéreuse , et qu'il faut se hâter de la proscrire.

Un second aspect sous lequel la traite est onéreuse à l'état, c'est qu'elle gangrène physiquement et moralement sa marine.

C'est une des plus belles démonstrations que M. Clarkson ait données dans son excellent ouvrage. On lui objectoit ces mots que répètent les ignorans : la traite est une des pépinières de la marine ; c'en est le tombeau, a dit M. Clarkson, et il l'a prouvé. Il a fait voir par des calculs incontestables que la mortalité des matelots de la traite , est plus considérable que celle de tous les autres commerces réunis ; que sur 5,000 matelots environ, il en périt la moitié chaque année ; qu'une partie de ceux qui échappent à la mort, ou déserte, ou infecte de ses vices et de ses maladies le reste de la marine angloise.

Et remarquez que cette mortalité, cette corruption physique et morale est un résultat inévitable de la nature même de ce commerce. Comment en effet les matelots ne deviendroient-ils pas inhumains, atroces, en faisant un commerce inhumain ? Comment respecteroient-ils la bonnefoi., en faisant sur la côte le métier de voler des hommes ? Comment respecteroient-ils les bonnes mœurs, en voyant en Afrique et aux Indes leurs supérieurs se livrer à la débauche la plus ouverte et la plus crapuleuse ? Comment enfin la santé des matelots ne dépériroit-elle pas au milieu des miasmes infects et des maladies dont un vaisseau négrier est le réceptacle ? Ici le géolier, aussi misérable que le captif, aspire nécessairement le poison qui les tue tous deux.

M'arrêterois-je maintenant à vous prouver, messieurs, que la traite, vue du côté de l'intérêt du commerce, est une branche onéreuse. Ce que je vous en ai dit ci-devant a dû vous en convaincre. C'est un fait dont les armateurs françois conviennent, que la traite françoise ne pourroit subsister sans une forte prime. C'est donc un commerce onéreux par lui-même, et vous n'en douterez plus quand je vous rappellerai que de douze compagnies successivement élevées pour ce commerce, onze ont successivement fait banqueroute ; que les compagnies instituées en Angleterre, en Hollande, en Dannemarck, ont constamment éprouvé le même sort ; que la plus grande partie des armateurs n'a pu s'y soustraire, ainsi que vous en trouverez la preuve dans M. Clarkson, qui cite les meilleures maisons de Liverpool et de Bristol ruinées par ce commerce. En considérant sa nature, vous verrez que cela doit arriver; ce commerce n'est point fondé sur des gains constans et assurés, c'est une véritable loterie. Un vaisseau chargé de 1,100 nègres en perd près de 900, un autre chargé de 300 n'en perd que 6; mais généralement les pertes l'emportent, et les risques sont tels, que des négocians anglois ont depuis plusieurs années refusé de se lier d'affaires avec les maisons de Liverpool ou de Bristol qui font la traite. De même en France très-peu de maisons ont osé confier des fonds à ce commerce; et vous jugerez de sa médiocrité, en voyant la liste des vaisseaux qui y ont été employés dans les années 1786 et 1787, dans nos principales villes. En 1786, Bordeaux a expédié 11 vaisseaux; le Havre 22, Marseille 2; en 1787, Bordeaux 17, le Havre 16, Marseille 5.

Il est maintenant facile d'expliquer et de résoudre une objection qui se présente naturellement à tous les esprits. On se demande comment il est possible de concevoir que des négocians se livrent à cette spéculation, si elle n'étoit pas avantageuse. Comment? le voici, et je viens de le dire, c'est que la traite est une *loterie*; tous espèrent, tous se flatent que la chance tournera en leur faveur et les enrichira rapidement; quelques-uns réussissent, un plus grand nombre échoue,

échoue, et le commerce y perd. Il en est de même pour la loterie : on y joue avec passion, et rien ne peut désabuser de ce jeu aussi immoral que ruineux.

Mais cette traite est encore plus onéreuse aux isles à sucre ; et loin de favoriser la culture, elle l'arrête, c'est un point important que j'espère vous démontrer avec la plus grande clarté.

Je pourrois employer ici beaucoup de raisonnemens et de calculs ; mais je me contenterai de choisir dans le grand nombre de moyens, les plus concluans.

Qu'est-ce que nos colonies ? des fermes cultivées pour le double intérêt des colons et de la métropole, des fermes dont la richesse augmente en raison de la multiplicité des bras, et de la quantité des fonds que vous y versez. Si donc je prouve que la traite des noirs, loin d'augmenter les bras, en diminue le nombre, et emploie inutilement des sommes considérables, je vous aurai par-là établi qu'elle est doublement funeste aux colonies.

Or, le calcul fondé sur des faits incontestables met cette double vérité dans tout son jour. La première avoit été déjà découverte et démontrée par l'immortel *Franklin*, dans son traité sur la population de l'Amérique ; il prouvoit que l'importation des esclaves étoit un des plus grands obstacles à la population intérieure. » L'Amérique du nord, disoit-il en 1751, possède un million d'américains ; c'est le fruit d'une émigration de 80,000 anglois qui, dans l'espace de 60 ans , ont passé dans ce pays. » — Ainsi leur nombre s'étoit décuplé en moins d'un siècle. C'est une opinion générale aujourd'hui répandue dans les états-unis, que leur population double tous les 25 ans. Mais c'est sur-tout de la population indigène que la masse s'accroît, et c'est le résultat de la liberté , de l'aisance, de la bonté des mœurs et de la fertilité du sol. En Europe, la population n'y suit pas cette progression étonnante , elle est environ d'un dixième.

Dans les isles c'est l'inverse ; on y porte tous les ans une quantité prodigieuse de noirs, et tous les ans la population décroît dans une effrayante proportion. Je vous citerai , pour exemple , Saint - Domingue. En 1775 , on y comptoit 300,000 noirs ; en 1788 , suivant le rapport de M. de Marbois, ce nombre étoit de 364,194. Pour calculer quelle est la décroissance de l'espèce noire , il s'agit de savoir combien de noirs on y a introduit dans cet intervalle. M. de Marbois porte à 30,839 le nombre de noirs importés en 1787. Sur les 15 années écoulées depuis 1775 jusqu'en 1789, nous ôterons cinq années pour le temps de la guerre, où la traite françoise a été suspendue, où cependant beaucoup de noirs ont été introduits par contrebande ; nous porterons les neuf années restant à 25,000 noirs chacune, cela donne un total de 225,000 nègres, qui ajouté aux 300,000, qui existoient alors, forme 525,000 noirs, et il n'en existe aujourd'hui que 364,194. Il y a donc un déficit de 160,806 noirs ; ce qui donne par année un *déficit* de 17,864.

Les calculs faits pour les isles angloises donnent des *déficit* encore plus forts. Pour la Jamaïque, on trouve que depuis 1740 jusqu'à 1745, le *déficit* a été chaque année d'environ 23,000 noirs, la population noire y étoit alors de cent à cent trente mille, c'est donc un cinquième de *déficit* tous les ans.

Il est donc vrai de dire, 1º. que la traite ne multiplie point les bras dans les colonies ; 2º. qu'elle les diminue, et cette seconde proposition dérive de la première ; car si pour soutenir le nombre des travailleurs à-peu-près au même degré, les colons ne recrutoient pas, il est évident qu'ils seroient obligés de favoriser davantage la population indigène. S'ils favorisoient cette population, elle leur fourniroit un bien plus grand nombre d'individus, moins sujets à la mortalité que les nègres africains. En ne cal-

culant la progression de cette population, que
d'après le tarif le plus foible du dixième, et ce
calcul est modéré, quand on pense à la fécondité des négresses, il en résulteroit un dixième
d'augmentation tous les ans, tandis que la population artificielle donne un *deficit* annuel d'un
cinquième.

Je veux vous citer, messieurs, un exemple
de la fécondité de la population noire. Il y a 70
ans, un vaisseau négrier échoua sur l'isle Saint-
Vincent ; les noirs se sauvèrent, s'établirent
et se rendirent indépendans dans cette isle ;
malgré les combats qu'ils ont eu à soutenir avec
les caraïbes, ils montent à plus de 3,000 aujour-
d'hui ; ils ont donc quintuplé en 60 ans, en
supposant qu'ils fussent 500. Et peut-on douter
de la fécondité des noirs, même sous le climat
de Saint-Domingue, lorsqu'on considère la ra-
pidité avec laquelle multiplient les nègres libres
répandus dans cette isle ?

Ainsi donc, en ne contrariant point la population noire indigène, elle deviendroit nombreuse, on n'auroit pas besoin de recourir aux
étrangers.

On a donc moins de bras dans les isles, pré-
cisément parce qu'on en importe tous les ans un
grand nombre d'Afrique.

Portez votre attention maintenant sur une

autre perte, sur celle de l'argent, M. de Marbois nous dit que les 30,839 nègres importés à Saint-Domingue en 1787, ont coûté 60,563,264 liv. Voilà donc 60 millions dépensés pour acquérir des hommes maladifs, incapables de travail, et dont les 7 dixièmes mourront dans l'espace de trois ans. Voilà 60 millions à déduire sur ces deux cent millions qu'on nous vante avec tant d'emphase comme le produit de nos isles. Cette traite équivaut donc à un impôt d'environ trente pour cent mis sur les productions de nos isles ; impôt le plus onéreux, puisqu'il est payé avant que le produit soit arrivé ; le plus onéreux, puisque l'objet sur lequel il est perçu est aux trois quarts un fonds-mort ; le plus onéreux encore, puisque presque tous les colons étant dans l'impuissance de l'acquitter, sont obligés d'en payer le crédit à un taux énorme et d'essuyer souvent des procès dispendieux qui ajoutent encore aux horreurs de cet impôt. Supprimez la traite, vous n'avez plus à redouter ni les procès, ni les usuriers, ni la perte d'esclaves, ni la mauvaise foi des armateurs. Supprimez la traite, vous ôtez un impôt qui pèse horriblement sur les colons, et qui tue la population indigène des colonies.

Supposez maintenant ce colon avec ses 30 pour cent d'impôt dans sa bourse, sans dettes ruineuses, sans crainte pour ses esclaves, il est évident que s'il entend bien ses intérêts, il versera ces fonds sur sa terre, il les emploiera pour multiplier ses défrichemens, ses engrais, ses charrues, ses bestiaux, et de-là résulteroient des produits plus abondans, et tout-à-la-fois la prospérité du colon, et le bien général.

Ce n'est point un roman que je vous trace ici ; tous les colons éclairés qui se sont gardés du piège de cette funeste traite, qui se sont bornés à augmenter leur population de leur propre fonds, ont eu un accroissement marqué et des profits constans, en même temps qu'ils ont été plus chéris de leurs esclaves. Il n'est pas un de ces colons qui ne regarde la traite comme un véritable fléau.

Je pourrois vous citer une foule d'exemples rapportés par MM. Clarkson, Nichols, Dickon, et le docteur Frossard. Le doyen Nichols a cité entr'autres cinq habitations qui ont plus que doublé, par les naissances, en 20 ans. On vous dira sans doute que ce sont des localités ; mais, Messieurs, ces expériences ont donné le même résultat par-tout, à S. Domingue, à la Martinique, a Antigues, aux Barbades : dans cette dernière place sur-tout, il y a un très-grand nombre d'habitations qui, depuis très-long-tems, fleurissent sans recourir aux recrues d'Afrique. Quel est le secret de ceux qui les gerent ? Ils nourissent bien leurs esclaves quand ils sont en santé ; ils en prennent le plus grand soin quand ils sont malades. Songez encore, Messieurs, aux différences qui séparent le nègre né dans nos isles, du nègre apporté d'Afrique, et vous expliquerez pourquoi la prospérité de ces habitations est si constante, lorsque celle des autres n'est qu'apparente ; et que les maîtres perdent un grand nombre d'esclaves et sont écrasés de dettes.

Le nègre africain est désespéré d'être arraché à son pays; malade par conséquent, rongé par le désespoir, peu accoutumé au travail, au climat. Trois ans sont nécessaires pour l'acclimater, et à peine le tiers survit-il à cette période. Le nègre, né dans les isles, est au contraire accoutumé dès son enfance au climat, au travail, à l'obéissance. Il fait mieux, il fait beaucoup plus que l'autre. Il y a donc infiniment plus de profit à élever, à employer le nègre des isles que l'africain. — La question de l'abolition de la traite se réduit donc à ceci. Un nègre, dans le système des planteurs, n'est qu'une bête de somme, ou une charrue. Vaut-il mieux préférer à des charrues solides, adaptées au sol, propres à le cultiver à peu de frais, des charrues étrangères, très-coûteuses, très-fragiles, et nullement façonnées

pour cette culture ? Il n'y a pas, je crois, à balancer. Ici, Messieurs, s'offre naturellement à vos
esprits une conséquence irrésistible, qui doit
vous rassurer sur des terreurs que les colons
ont répandues. Si vous abolissez la traite, disent-
ils, il faut renoncer à la culture du sucre, aux
colonies, et par conséquent ruiner le commerce
de France. Encore une fois, rien de tout cela
n'est ni vrai, ni à craindre ; quand bien même
vous aboliriez la traite, ne vous reste-il pas
400,000 noirs à S. Domingue, propres à la culture, propres à la population ? Traitez-les bien
en bons serviteurs, et ils cultiveront, et ils peu-
pleront, et votre population augmentera toutes
les années, au lieu de diminuer, et vos produits
augmentèront, et vous aurez à payer un impôt
de 30 pour 100 de moins, et vous aurez moins
de dettes, et par conséquent la faculté de faire
plus de défrichemens. J'entends d'ici les créanciers
des colons s'écrier : et nos dettes que devien-
droient-elles ? Eh ! quoi, les dettes ne sont-elles
pas hypothéquées sur 400,000 esclaves ? Eh bien !
est-ce que ces esclaves disparoissent ? Je vais
plus loin, par le nouvel ordre de choses ; ces
esclaves ne peuvent qu'augmenter de prix, et
par conséquent votre hypothèque sera toujours
mieux établie, plus solide. Ce raisonnement doit
leur paroître concluant, à moins qu'ils ne pré-

ferent jouer le rôle d'usuriers, qui n'aiment les affaires qu'avec des enfans de famille aux expédiens.

Les manufacturiers françois, loin d'être lésés, comme ils le répètent par-tout, par l'abolition de la traite, y trouveroient au contraire par la suite, un très-grand avantage. J'observerai d'abord, et ce fait mérite attention, qu'il entre peu d'objets de manufacture françoise dans les articles de la traite. — La clinquaillerie, l'armurerie, la serrurerie, les véroteries, les toiles des Indes, l'eau-de-vie de grain sur-tout, en font le principal fond. Or, cette eau-de-vie se tire de Hollande, la clinquaillerie d'Allemagne, les fusils de Liège, les toiles de l'Inde même, ou de l'Angleterre. Autrefois Rouen en fournissoit beaucoup, parce qu'il les imitoit bien, mais depuis que l'avidité en a fait décroître la qualité, le commerce les a rejettés et les princes africains n'en veulent point. — Portez la traite françoise à 20,000 noirs, et c'est beaucoup ; mettez à 200 livres la valeur réelle en marchandises de chaque nègre, c'est quatre millions. Supposez que la France fournisse un million, et elle ne le fournit pas ; qu'est-ce qu'une aussi modique somme pour les manufactures d'un royaume aussi vaste que la France ? Comment a-t-on donc eu la hardiesse d'avancer que la traite faisoit vivre des millions de françois ? comment a-t-on avancé que la France seroit ruinée si on l'abolissoit ?

J'ose affirmer, Messieurs, que les manufactures françoises trouveroient un bien plus vaste débouché après l'abolition de la traite ; si on se bornoit à échanger avec l'Afrique ses productions naturelles, parti que plusieurs maisons de Bristol suivent avec succès ; si les planteurs, forcés d'améliorer le sort de leurs noirs et d'en augmenter le nombre, augmentoient la consommation des objets que produit l'Europe.

Tout les intérêts se réunissent donc en faveur de l'abolition de la traite.

Intérêt de l'humanité ; plus de ces assassinats, plus de ces guerres, plus de ces vols d'hommes qui déshonorent les européens et dépeuplent l'Afrique. 150 mille hommes sauvés tous les ans à la mort et à l'esclavage.

Plus de ces atrocités qui se commettent pour contenir les esclaves à bord ; plus de ces révoltes, de ces accidens horribles qui font périr des milliers d'hommes au milieu des flots ; enfin plus de ces barbaries qui rendent la servitude insupportable aux isles. Les africains seroient plus heureux, les nègres de nos isles plus contens et les blancs moins vicieux.

Intérêt de l'état ; il y gagneroit tous les ans une

prime de trois millions, et ne perdroit pas une quantité considérable de matelots.

Intérêt des commerçans; ils ne verseroient plus leurs fonds dans un commerce rempli de risques, qui les expose à des banqueroutes fréquentes.

Intérêt des planteurs; ils auroient un impôt de 60 millions de moins à payer tous les ans. Leur population noire s'accroîtroit par les naissances; ils auroient plus de bras, par conséquent plus de produits.

Intérêt des créanciers même; puisque leurs créances auroient des bases plus solides, des gages plus sûrs et plus considérables.

Quelle est la conséquence naturelle et directe qui résulte de ces faits, de ces principes, de ces considérations puissantes et sans nombre, c'est qu'on doit proscrire avec horreur un trafic qui fait rougir l'humanité, et qui blesse tout-à-la-fois l'intérêt de l'état et celui des particuliers.

Je m'attends bien qu'on niera ces faits, ou qu'au moins on cherchera à en affoiblir la douloureuse et cruelle vérité. Je m'attends bien que ces assertions seront combattues, et ces calculs trouvés inexacts; on répétera sans doute ce que mille fois j'ai entendu dire, ce qu'on cherche à propager par-tout, pour former l'opinion publique, que le nègre, esclave et malheureux, dans un pays disgracié de la nature, dévoué à une mort prochaine et affreuse, est enlevé des mains de ses bourreaux pour jouir d'un sort plus doux, sous un climat plus fortuné ; que, s'il travaille, il trouve une nourriture abondante, que son maître est intéressé à le ménager, qu'il lui abandonne un petit terrein, qu'il cultive à son profit ; que s'il est sobre et laborieux, il ne tarde pas à se procurer quelques jouissances, et à amasser de quoi acheter sa liberté ; qu'il est plus heureux que la plupart des habitans de nos campagnes ; et sans cesse on cherchera à faire illusion, en mettant des exceptions rares à la place des règles générales ; on soutiendra que la conservation de nos colonies dépend de la traite ; qu'il est impossible de se passer des recrutemens annuels; que la population indigène seroit insuffisante pour les besoins de la culture ; que cette traite est le plus ferme soutien de la marine; qu'elle forme des matelots expérimentés ; qu'elle fait la richesse du commerce, des armateurs, des colons et de l'état.

Je pourrois, d'un seul mot, écarter ces allégations. Je pourrois prétendre que, fussent-elles vraies, elles ne pourroient pas autoriser la traite ; qu'il ne peut jamais être permis de vendre ni d'acheter la liberté des hommes, sous quelque prétexte que ce soit ; que ce traité offense les loix les plus sacrées de la nature et de la société; mais je ne me borne pas là, et je soutiens que ces allégations sont fausses.

Je ne demande pas qu'on me croie sur parole, j'ai pu être induit en erreur, malgré toutes. les précautions que j'ai prises pour m'assurer de la vérité; mais je demande, par la même raison, qu'on n'admette pas légérement ce qu'il plaira aux défenseurs de la traite de hazarder.

On est naturellement porté à croire que des négocians, que des planteurs ont des connoissance exactes et précises sur cet important objet. Eh bien! il est très-peu de négocians qui en soient instruits, et de plus, il est à craindre qu'ils ne se laissent entraîner à des considéra-tions personnelles, à des intérêts particuliers.

Au surplus, qu'est-ce que je propose? qu'on examine, qu'on discute, qu'on s'instruise, qu'on réunisse toute les pièces, tous les mémoires qui peuvent répandre du jour sur cette grande affaire, et qu'il soit nommé, à cet effet, un comité? Est-il quelqu'un qui puisse s'opposer à ce projet, sans déclarer qu'il redoute la lumière et qu'il craint la vérité?

Je ne me dissimule point que ces éclaircis--semens jetteront dans des longueurs inévitables. Les recherches seront immenses; Il faudra compulser les registres des amirautés, ceux des chambres de commerce, examiner les états les plus authentiques et les plus fideles, entendre des témoins irréprochables et instruits, connoître le nombre des vaisseaux qui partent de nos ports pour la traite, le chargement de leurs marchandises, la quantité des matelots qui forment les équipages, la quantité de ceux qui périssent dans la traversée, par les accidens, les maladies, ou qui, abandonnés dans les isles à leur triste destinée, ne reviennent plus dans leur patrie, tout ce qu'il en coûte pour nos établissemens sur les côtes d'Afrique, pour la prime, pour le frêt, pour les assurances, pour les achats des nègres, pour leur transport, la durée de leur existence, l'utilité ou {l'inutilité de leur recrutement, l'intérêt des négocians, celui des planteurs, celui de l'état, et enfin, mille autres objets généraux et de détail.

Peut-être sera-t-il indispensable d'envoyer des commissaires sur les lieux, pour prendre des instructions plus particulières, plus précises, et pour vérifier certains faits.

Mais ces délais, loin d'être inutiles ou nuisibles seront très-précieux. Ils laisseront le temps au commerce de se préparer au changement, sans commotion violente ni fâcheuse ; ils lui laisseront le temps de diriger ses spéculations et son industrie vers des sources plus pures et plus abondantes de prospérité publique. Sans doute, il ne manquera pas de nouveaux débouchés, il s'en présente de toutes parts ; et si quelque chose peut expliquer l'incroyable inertie dans laquelle il a langui jusqu'à présent, ce sont les vices d'une administration qui l'a sans cesse environné de chaînes, et qui a empêché le développement et les progrès de son génie naturellement actif et entreprenant. Ils laisseront le temps aux négocians, aux armateurs et aux colons de prendre des précautions, et de faire des arrangemens convenables ; il laisseront le temps de réfléchir sur la nature, l'étendue et la justesse des mesures qu'il faudra adopter pour parvenir à l'abolition de la traite. Peut-être croyrez-vous de votre sagesse de concerter ces mesures avec les nations européennes, qui, comme vous, se livrent à ce honteux trafic. Jamais, assurément, négociation entre des puissances n'auroit eu un motif plus beau, plus grand et plus honorable pour l'humanité.

Combien il est douloureux de ne pas pouvoir anéantir à l'instant un aussi infâme commerce ! je le dis avec amertume, le bien ne peut s'opérer qu'avec ménagement, qu'avec une sage lenteur : on ne détruit pas en un moment des habitudes,

des liens, des rapports établis depuis plus d'un siècle.

Mais s'il étoit vrai, comme le prétendent imprudemment les députés du commerce et les citoyens de l'armée patriotique de Bordeaux, que vous fussiez tenus de prononcer, dans cette séance, d'une manière positive et absolue sur l'abolition ou la confirmation de la traite, il me semble que vous n'auriez pas à balancer pour l'anéantir, malgré les inconvéniens qui pourroient résulter de cette décision précipitée.

A les entendre, si vous différez un instant à consacrer la traite, tout est perdu : les isles se révoltent et se séparent à jamais de la métropole ; le commerce françois est détruit ; des provinces entières sont réduites dans la plus affreuse misère. Déjà les doutes et les incertitudes qu'on a semés sur ce commerce ont occasionné les plus grands maux et une consternation générale.

Je remarque d'abord avec étonnement que l'adresse qui vous a été présentée l'ait été sous le titre imposant d'adresse des députés du commerce, comme si les négocians de toutes les villes de France prenoient intérêt à la traite des noirs, comme si la traite n'étoit pas nuisible au véritable commerce, comme si la traite ne se faisoit pas par un petit nombre de négocians et d'armateurs.

Je

Je remarque ensuite qu'on a voulu jetter l'alarme dans vos ames et effrayer votre imagination par des craintes chimériques pour surprendre un jugement irréfléchi dont vous ne tarderiez pas à vous repentir.

Sans doute, le commerce est tombé dans un état de langueur, et il étoit impossible qu'il n'en fût pas ainsi; la cause de ce dépérissement est simple et frappante : le commerce, dans tous les pays du monde, ne fleurit qu'au milieu de la paix, de la confiance, et nous vivons au sein des orages inséparables d'une grande révolution. Ce n'est pas seulement le commerce de Bordeaux, celui de Nantes, et des autres villes qui s'intéressent à la traite qui éprouve une stagnation funeste ; c'est le commerce de Lyon, de Rouen et de toute la France : la plaie est générale, et elle ne se guérira que par un remède général, lorsque le calme sera rétabli et que le nouvel ordre de choses commencera à s'affermir.

Qu'on ne cherche donc pas à attribuer les malheurs qui affligent le commerce, à des bruits vagues répandus sur l'abolition de la traite des noirs qui subsiste encore, et dont l'assemblée ne s'est même pas occupée jusqu'à ce jour.

Certes, il seroit bien fâcheux que le sort du commerce de France dépendît de quelques vaisseaux négriers ; mais ce beau pays si favorablement situé pour communiquer avec toutes les nations du monde et échanger ses riches et immenses productions, n'en est pas réduit à cette triste et déplorable ressource.

Eh quoi ! le moindre retard dans votre décret définitif sur la traite produiroit toutes les calamités dont on veut vous épouvanter. Le parlement d'Angleterre ne délibère-t-il pas depuis deux années entières sur le grand objet qu'on vous presse de juger ? L'Angleterre a-t-elle perdu son commerce parce qu'elle délibère ? L'Angleterre a-t-elle perdu ses îsles parce qu'elle délibère ? a-t-elle même discontinué de faire la traite ? Non, sans doute. Pourquoi voulez-vous que ce qui n'est pas arrivé en Angleterre vous arrive ? Pourquoi voulez-vous que, votre conduite étant la même, elle ait des effets si différens ?

Je dois le dire à la louange des Anglois, de ces nobles et fiers insulaires, c'est que le parlement a reçu des adresses nombreuses pour l'abolition de la traite de la part des villes les plus intéressées, en apparence, à la conserver; à Bristol, à Liverpool, il s'est formé des comités composés en partie de négocians et d'armateurs, pour demander que la traite fut abolie. Birmingham et Manchester, qui fournissent à la traite la moitié des objets manufacturés, ont imité ce bel exemple. Mais un trait vraiment touchant et

qui honore l'humanité, c'est que de pauvres ou-
vriers, des serruriers occupés à gagner leur vie
en forgeant les fers des malheureux Africains,
se sont réunis et ont présenté une pétition, dans
laquelle ils ont déclaré qu'il renonçoient à tra-
vailler pour ce commerce infâme. Il est cependant en Angleterre, comme en France, des partisans de la traite.

Comment concevoir une révolte dans les îsles,
parce qu'on suspendroit en France de prononcer
sur la traite ? Ce ne sont pas les planteurs qui se
soulèveroient ; car enfin, quel intérêt auroient-
ils à le faire ? Je ne l'apperçois pas ; ce ne sont
pas les noirs, rien au contraire ne seroit plus
propre à les calmer, que d'apprendre qu'on s'oc-
cupe à adoucir leur sort. Je demande si les trou-
bles qui agitent actuellement nos colonies ont
le plus léger rapport avec l'abolition de la traite ;
c'est néanmoins ce qu'on a cherché à insinuer.

La manière la plus sage, la meilleure, je dirai
même la seule, d'empêcher des insurrections dans
nos colonies, est de substituer au régime op-
pressif et violent qui écrase les habitans de ces
contrées, un régime plus doux, plus humain,
plus conforme aux droits de l'homme et à la
liberté ; c'est de substituer la volonté constante
de la loi aux caprices et aux ordres arbitraires

des, ministres. Ce sont eux qui par des actes tyranniques ont occasionné plus d'une fois des mouvemens dans nos colonies.

Voilà, messieurs, ce dont vous devez sérieusement vous occuper; ce qui doit exciter toute votre sollicitude; ce qui établira des rapports vrais et durables entre la métropole et les colonies; ce qui les attachera ensemble; ce qui confondra leurs intérêts; ce qui pourra prévenir une scission funeste que l'on ne peut s'empêcher d'entrevoir dans l'avenir.

Mais ce n'est pas en fermant les yeux sur les abus en tout genre qui désolent nos colonies, qui s'opposent aux progrès de leur agriculture; qui gênent leur commerce, qui font périr de langueur et de misère les malheureux esclaves, que vous y ferez régner la paix et le bonheur; ce n'est pas en restant indifférent sur ces maux cruels, ou en vous les dissimulant, que vous les guérirez.

Renvoyez, ai-je souvent entendu dire, la question de la traite des noirs aux prochaines législatures; ce parti est celui que dicte la prudence, il n'attirera sur vous aucune haine particulière. Les villes de commerce resteront tranquilles et vos successeurs agiront avec plus de sécurité dans des temps moins orageux,

Et moi je dis que ce parti n'est ni digne de l'assemblée, ni propre à produire les effets que ses partisans paroissent en attendre.

D'abord, si les esprits étoient aussi alarmés qu'on les suppose, il ne les calmeroit point, parce qu'il ne dissiperoit pas les doutes.

Il exciteroit les murmures des négocians, des armateurs, et des colons qui se réunissent pour solliciter une prompte décision.

Il déceleroit une pusillanimité honteuse; il seroit évident que l'assemblée n'auroit pas éloigné l'affaire à cause de son peu d'importance; car il n'en est pas qui présente un aussi grand intérêt. Alors le sentiment qui l'auroit porté à n'en pas connoître paroîtroit dans tout son jour, et il n'auroit rien d'honorable.

Combien le parti que je propose est plus noble, plus sage et plus conforme aux principes de raison et de justice!

Je ne demande pas, il est vrai, que vous preniez à l'instant une détermination positive, et dans ce sens je laisse le commerce incertain sur les mesures que vous adopterez sur l'abolition de la traite; mais cette incertitude est d'un tout autre genre que celle qui résulteroit d'un renvoi aux prochaines législatures; elle est tirée de la nature même des choses, de la nécessité d'une instruction. Si cette marche préparatoire entraîne des délais ; ils sont forcés ; il est impossible de trouver mauvais qu'un juge examine, qu'un juge s'éclaire avant de prononcer. Quelque célérité qu'une affaire exige, encore faut-il qu'elle soit connue pour la décider. Vous vous en occuperez, et voilà raisonnablement tout ce qu'on peut exiger de vous, et tout ce que vous devez faire. Je pense bien que ce ne sera pas vous qui rendrez le décret définitif qui terminera cette belle et importante question. Les difficultés nombreuses qu'elle présente exigent un si long examen, qu'elle se trouvera transmise aux législatures suivantes. Mais si le temps ne vous permet pas de parcourir une carrière aussi vaste, et d'atteindre au but, ayez du moins la gloire de l'avoir ouverte, d'en avoir applani les premiers obstacles et d'avoir tracé des sentiers faciles à vos successeurs. Un jour viendra, on ne peut en douter, où les fers de l'africain seront brisés, où la liberté répandra ses bienfaits sur toute la terre ; alors peut-être, vos noms seront présens à sa mémoire, et il les bénira comme ceux des divinités tutélaires.

Je finis ici une tâche qu'il m'a été bien doux de remplir. J'ai satisfait au devoir impérieux que m'imposoient l'humanité, ma conscience et mes opinions personnelles. Je m'estimerai heureux si j'ai pu vous inspirer les sentimens dont je suis pénétré, si j'ai pu vous convaincre que la traite des noirs est un acte qui blesse à-la-fois tous les principes de la morale et de la politique, l'intérêt général et l'intérêt particulier, qu'il est nuisible à l'état, au commerce, aux planteurs et à nos colonies, si j'ai pu vous indiquer un parti prudent, juste et digne de vous, il ne me reste plus qu'à vous soumettre le décret, suivant :

« L'assemblée nationale décrète qu'il sera établi un comité de douze personnes, pour faire les recherches, recevoir les témoignages, se procurer tous les renseignemens relatifs à la traite des noirs, afin de mettre l'assemblée, ou les législatures qui lui succéderont, à portée de prononcer sur cette importante question, et de prendre, pour parvenir à l'abolition de ce commerce, des mesures prudentes, et qui puissent concilier tous les intérêts. »

» Elle décrète en outre que ce comité sera chargé de lui présenter incessament un projet de loi, contenant les moyens d'adoucir le sort des esclaves dans nos colonies. »

Fin du discours.

OBSERVATIONS

DE M. CARRA,

Sur l'abolition de la traite des Noirs (1).

M ESSIEURS,

Je n'examinerai point la question de savoir si, en vertu de la déclaration des droits de l'homme blanc, on doit réclamer contre l'esclavage de l'homme noir dans nos colonies. Il est aisé de comprendre que la moralité civile et l'intelligence politique des esclaves noirs, ne sont pas mûres encore pour une liberté générale ; si elles étoient mûres, ces hommes sauroient bien se rendre libres, sans nous consulter et sans attendre les bonnes dispositions de leurs maîtres. Car les maîtres ou marchands particuliers d'esclaves, ainsi que les tyrans des nations, n'ont été et ne seront jamais disposés d'eux-mêmes à reconnoître les droits de l'homme, quelle que soit sa couleur

____

(1) M. Carra ayant appris que je faisois imprimer mon discours sur la traite des noirs, m'a prié de placer à la suite, les observations qu'il a faites sur cette important objet.

et quelque soit le climat qui l'a vu naître. Ainsi, Messieurs, je mets entièrement cette question à part, parce que cette question elle-même n'est pas plus mûre pour le succès, que l'intelligence politique des noirs en général, et que la disposition morale des maîtres et marchands d'esclaves de nos colonies. La seule question que je pose, est de savoir, en dernière analyse, si l'abolition de la traite seroit un si grand malheur pour nos isles et pour notre commerce, et si cette abolition, préparée dès aujourd'hui, ne deviendra pas réellement très-avantageuse à nos isles et à notre commerce et à la population indigène des noirs, en même temps qu'elle remplira le vœu combiné de la prudence et de l'humanité.

Si l'on veut considérer les défrichemens qui restent encore à faire dans nos colonies, et l'empressement des colons à augmenter leurs richesses par ces défrichemens, sans doute on ne s'occupera de long-tems de l'abolition de la traite ; car pour ces défrichemens il faudra sacrifier encore bien des milliers de noirs, et pour les sacrifier à ce travail, il faudra continuer à aller les chercher sur la côte d'Afrique, où le ciel, dira-t-on peut-être, les a fait naître tout exprès pour défricher jusqu'au dernier canton des isles de l'Amérique.

Si, d'un autre côté, on veut attendre pour

cette abolition, que tous les maîtres et marchands d'esclaves aient perfectionné leur morale aux dépens de leur intérêt, et qu'ils aient élevé leur ame jusqu'aux principes sublimes de cette philosophie contre laquelle ils s'élèvent tant aujourd'hui, on attendra bien des siècles encore; car, il n'y a rien qui désorganise l'imagination et les mœurs de l'homme comme de commander à d'autres hommes esclaves, à des hommes qui vous obéissent aveuglément et au moindre signal, sous peine du fouet; à des hommes enfin, sur lesquels vous comptez, non-seulement pour vous épargner la moindre fatigue de corps et d'esprit, mais pour augmenter journellement vos jouissances et votre fortune, aux dépens de leurs jouissances et de leur santé.

Mais si l'on ne considère que les propriétés territoriales des colons, qui sont actuellement en valeur; si l'on ne considère également que les résultats actuels du commerce avec les colonies, quelques soient ces résultats; si l'on ne considère de même que la nécessité absolue d'une éducation plus morale et plus constitutionnelle parmi les blancs de nos isles; alors on pourra commencer à voir que l'abolition de la traite, préparée dès à présent, ne seroit pas un aussi grand mal: 1°. parce que cette abolition à laquelle on devra s'attendre, forcera insensiblement les colons à sortir de leur indolence ordinaire, non pour s'irriter contre leurs noirs et les faire battre, mais pour veiller avec plus de soin à leur conservation et à la mesure des travaux qu'ils pourront supporter : et 2°. parce que ces mêmes colons s'occuperont alors très-sérieusement à favoriser la repopulation de ces noirs dans leurs habitations respectives. Ne nous y trompons pas, Messieurs, c'est autant la paresse d'esprit et la molesse des blancs de nos isles que l'avidité du gain qui-leur fait craindre l'abolition de la traite. C'est la conscience brute de cette paresse d'esprit et de cette mollesse qui les irrite si fort contre les argumens des amis des noirs, et qui ne leur permet pas même d'entendre à aucun accommodement.

Mais nous, Messieurs qui devons méditer et approfondir pour ceux de nos frères que la paresse d'esprit et la mollesse d'idées empêchent de méditer et d'approfondir; il est de notre devoir de leur faire envisager clairement l'alternative qui se présente aujourd'hui dans la question sur l'abolition de la traite des noirs.

Ou l'abolition de la traite sera préparée dès-à-présent, ou elle ne le sera pas. Si elle est préparée, il faudra nécessairement que le colon commence à trouver, dans une plus grande activité de corps et d'esprit, des moyens pour y suppléer ; et ces moyens, je viens de les donner en apperçu : veiller lui-même à la mesure des travaux de ses noirs et favoriser très-sérieusement leur repopulation dans le pays. L'armateur trouvera de même, dans les productions naturelles de l'Afrique, de quoi se dédommager du commerce des noirs ; c'est à lui à s'aviser et à s'industrier sur cet objet.

Si l'abolition de la traite n'est pas préparée dès-à-présent, qu'arrivera-t-il ? Que les noirs qui ne sont pas encore mûrs pour la liberté, ne voyant aucun terme à la misère des hommes de leur couleur, (pouisqu'on leur présentera tous les ans le spectacle d'un nouvel achat d'esclaves)., aucune espérance pour l'amélioration de leur propre sort, (puisqu'on voudra toujours continuer de nouveaux défrichemens), s'exciteront mutuellement à la révolte ; et nous savons, Messieurs, par des comparaisons prises dans l'histoire des colonies même, que la révolte des peuples qui ne sont pas mûrs encore pour la liberté, est d'autant plus funeste pour leurs oppresseurs et pour eux-mêmes, qu'elle n'a pour objet que la vengeance et le carnage. Il y a donc tout à craindre que les noirs de nos isles, sans conquérir réellement leur liberté et sans pouvoir la maintenir, ne commettent des massacres épouvantables sur les colons ; si les lumières des françois européens ne parviennent pas à faire sentir à leurs frères des isles la nécessité d'une abolition de la traite, préparée dès-à-présent par un décret de l'assemblée nationale que j'indiquerai tout-à-l'heure

Je ne prétends pas prononcer, comme vous voyez, Messieurs, que l'intérêt et la sûreté des colons ne doivent se trouver que dans ce qui est juste et humain pour les autres, mais seulement dans ce qui est juste et humain pour eux. S'ils veulent adopter la constitution que nous avons faite, et qui est fondée sur les grands principes d'une raison universelle, peuvent-ils vouloir, d'un autre côté, que l'assemblée nationale tolère la continuation du trafic des noirs, ou plutôt que cette assemblée les y autorise? Ne doivent-ils pas voir, que puisque leurs frères d'Europe ont si bien conçu et développé l'économie politique des constitutions libres et des législations nationales, c'est à ces mêmes frères d'Europe qu'ils doivent s'en rapporter entièrement pour ce qui concerne l'avantage réel des colonies, sans commencer par les effrayer et les menacer, ou d'une scission, ou d'un bouleversement général dans l'empire, si l'on ose penser ici, sous aucun rapport, à l'abolition de la traite? Ces craintes exagérées qu'on sème de toutes parts, ces cris de désespoir que jettent quelques négocians, ces clameurs furibondes qu'on élève contre des hommes qui méditent sur cette grande question et qui ne veulent pas précipiter leur jugement en faveur de la traite, ne seroient-ils pas un effet de manœuvres sourdes de quelques ministres et de quelques aristocrates combinés, qui seroient bien fiers de nous avoir fait donner cette fois-ci dans un piége dont les filets sont tendus au loin, et d'avoir fait prononcer à l'assemblée nationale un décret totalement contradictoire avec tous ceux qu'elle a précédemment rendus ? Mais je reviens aux colons que je regarde comme les enfans gâtés de la mere patrie, et je leur demande : 1°. dans quel temps ils croyent que l'abolition de la traite pourra avoir lieu, si l'on s'en rapporte entièrement à eux ? 2°. Comment ils se garantiront des révoltes qu'ils doivent prévoir dans les isles, en continuant une traite que l'assemblée nationale auroit autorisée ? et 3°. s'ils imaginent que l'assemblée nationale ne doive pas s'occuper dès-à-présent des moyens d'opérer une repopulation indigène de noirs dans les colonies françoises, et si, pour cet effet, elle ne peut pas leur imposer des conditions légales tendante à l'abolition de la traite ? — Que répondront-ils à la première demande ? Que l'abolition de la traite cessera lorsque toutes les isles seront défrichées d'un bout à l'autre. Mais dans

ce cas cette traite durera jusqu'à la fin du monde.
Quant aux révoltes à craindre, sans doute ils s'en
garantiront eux-mêmes, ou bien ils demanderont
des troupes au roi ; mais ces troupes leur coû-
teront fort cher, et en faisant la guerre aux noirs
elles laisseront les habitations incultes, désertes.
Le dernier moyen est donc le seul qui convienne
à la prudence et aux principes de l'assemblée
nationale, le seul auquel les colons ne puissent
se refuser sous aucun prétexte, et ce moyen, le
voici : 1°. il sera établi dans chaque département
des colonies un directoire national, composé de
douze commissaires protecteurs des noirs, qui
feront rendre compte tous les trois mois, non-
seulement de la quantité des noirs en général,
de ceux qui ont des femmes et enfans, mais de
la quantité d'enfans des deux sexes qui viendront
à naître sous cette couleur, et de ceux qui viendront à mourir ; 2°. ce directoire surveillera également la mesure des travaux qu'on leur imposera
et l'âge auquel les enfans seront attachés au travail des plantations, ainsi que l'âge auquel on
réunira en mariage les jeunes personnes des deux
sexes ; 3°. chaque propriétaire de plantation sera
obligé de remettre au directoire national toutes
les listes et les renseignemens qui lui seront de-
mandés à ce sujet, dans une instruction imprimée, envoyée à tous les planteurs et autres

maîtres d'esclaves noirs ; 4°. le même directoire sera connu pour être le protecteur national des noirs, et à ce titre il prendra seul connoissance des crimes et fautes graves qui pourroient être commises par ces noirs, ainsi que des traitemens cruels que leurs maîtres auroient pu exercer sur eux, sans autres motifs que la paresse et le refus momentané du travail ; 5°. le même directoire veillera à ce que les jeunes nègres et négresses soient instruits depuis l'âge de 5 ans jusqu'à 12 dans des écoles, pour apprendre à lire et à écrire en françois ; et 6°. ce même directoire, pour empêcher la destruction successive et incalculable des noirs, et pour tendre à l'abolition insensible de la traite, aura le droit de régler et même d'arrêter les nouveaux défrichemens, jusqu'à ce que la repopulation indigène des esclaves noirs puisse fournir aux travaux que ces nouveaux défrichemens exigeroient.

Fin des observations.

De l'Imprimerie du PATRIOTE FRANÇOIS, Place du Théâtre Italien, N°. 5.